Edition : Clotilde Cacheux

Dépôt légal : juin 2000
Imprimé en Belgique par Proost
ISBN : 2-215-02271-X
ISSN : 1275-5028
4ème édition – n° 92169

les activités fleurus

# PETITES
# VITRINES

Modèles et illustrations : Dominique Gaël

Photographies : Dominique Santrot
Conception graphique : Claude Poirier

EDITIONS FLEURUS

Éditions Fleurus, 15-27, rue Moussorgski, 75895 Paris

# Matériel de base

En modélisme, le travail s'effectue essentiellement sur bois, carton, papier et tissu. Il vous faut donc un outillage minimum mais de bonne qualité qui vous permettra d'être tour à tour architecte, ébéniste, décorateur, paysagiste.

## Outils de découpe

• Une petite scie à dos plat et une boîte à onglets,
• un couteau de type X-Acto ou un cutter,
• une paire de ciseaux,
• une pince coupante.
Pour les découpes, il faut penser à protéger le plan de travail avec un carton épais ou une plaque en caoutchouc, à se munir d'une règle assez lourde, d'une gomme et d'un crayon bien taillé.

## Colles

**Colle néoprène en gel**
Très utile pour l'assemblage des petits éléments (plastiques, métaux, bois, verre, etc.). À proscrire sur le polystyrène et le carton plume.

**Colle vinylique blanche**
La plus utilisée (bois, carton, papier, tissus). Prévoir un grand pot.

**Pâte adhésive**
Pratique pour fixer, entre autres, les tiges de fleurs au fond de leur pot.

Pour les différentes opérations de collage, il faut également :
• un pinceau large pour étaler la colle blanche,
• un cure-dent pour poser le gel néoprène,
• des pinces à dessin ou à linge et du ruban crépon adhésif pour maintenir les assemblages.

## Peintures

Les peintures acryliques sont les plus commodes à appliquer, elles sont solubles à l'eau, inodores. Elles sèchent rapidement et leurs couleurs sont miscibles entre elles.

## Vernis

Pour teinter le bois, tous les vernis habituels sont utilisables : au choix, chêne, acajou, noyer...

# Bois et carton

**Balsa**
Il existe en plaque ou en baguette. Il est facile à découper et existe en plusieurs épaisseurs. Prévoir des plaques en 2 mm et des baguettes de 5 x 5 mm.

**Carton plume**
Comme son nom l'indique, il est léger mais sa tranche n'est pas belle. En avoir tout de même en 3 mm et 1 cm d'épaisseur.

**Carton bois**
En 3 mm d'épaisseur, il est un peu dur à la découpe mais plus pratique pour le collage et l'assemblage.

**Carton contrecollé**
En 2 mm d'épaisseur, il est surtout utilisé pour les parois intérieures de la vitrine et certains meubles.

Prévoir également :
• Des baguettes cylindriques, des bûchettes, bâtonnets et allumettes géantes vendues en sachets. Sans oublier les très précieux cure-dents !
• du papier de verre fin (ou une simple lime à ongles) est indispensable après la découpe.

# Pâte à modeler

Dans ce livre, la plupart des objets et des animaux à l'exception de quelques-uns achetés dans le commerce, ont été modelés soit dans une pâte durcissant à l'air avant d'être peints, soit dans une pâte plastique à cuire, de type Fimo.

# Papiers

Pour tapisser l'extérieur ou l'intérieur de la vitrine et aussi certains éléments du décor, il faut disposer de :
• Papier kraft en rouleau,
• papier de type Canson de couleur,
• papier dit « à la cuve »,
• papier peau d'éléphant,
• papier « bois naturel » ou « faux bois »,
• papier indien, japonais ou chinois,
• carton micro-cannelure.
Et aussi :
• feuilles de rhodoïd,
• feuilles de métal à repousser,
• plaques de mousse (de type Créa-mousse).

# Introduction

Mini-vitrine, maquette, diorama ou « shadow-box, » quelque soit le nom que l'on donne à ce type de décor miniature, il se doit d'être original, évocateur d'une atmosphère, d'un pays d'une époque, à l'égal d'un tableau.

Les petites vitrines de ce livre sont proposées à titre d'exemples, à vous de les interpréter selon votre sensibilité. Chacun d'entre nous possède un talent pour l'évasion et le rêve, qualité essentielle en vue de devenir l'artisan poète d'un lieu unique et minuscule.

# La récupération

L'élaboration d'une vitrine demande un ou deux jours de fabrication mais parfois plus d'une semaine de recherche, d'où la nécessité d'entreprendre une chasse aux « trésors » sur le thème choisi avant de se mettre au travail.
De la boîte à ouvrage aux tiroirs de la cuisine, de la salle de bains au garage en passant par le jardin, il y a ici et là, dans la vie quotidienne, une multitude de choses à récolter et à « recycler ». Attention ! Sous peine d'être vite submergé, il est important de classer ces trouvailles. Que les maniaques se laissent aller à leur penchant naturel et que les autres fassent un petit effort.

## Réaliser livres et tableaux

Feuilleter magazines et catalogues d'un regard « miniature ». Ceux concernant la décoration, les voyages, les arts et la littérature sont à privilégier. Découper soigneusement les images et petites photos. Réduire encore s'il le faut à la photocopieuse.

Coller sur un carton fin celles destinées à devenir tableaux et sur un carton plus épais les couvertures de livres.

Cadre en balsa peint ou verni

Carton plume recouvert de papier fin

# La récupération

## Réaliser de mini-récipients

Des perles de toutes formes, matières et coloris, des dés à coudre ainsi que certains bouchons de produits alimentaires ou échantillons de cosmétiques constituent la base idéale. Parfois un bouton est bienvenu en guise de socle ou de couvercle. Les verres sont découpés dans le tube transparent qui sert à protéger les poils d'un pinceau.

# Conseils pratiques

## Volume de base

Simple carton à chaussures, coffret en bois d'emballage de vins ou boîte en carton ordinaire du commerce ; quelque soit le choix de départ, il est nécessaire de renforcer le volume de base pour obtenir un résultat satisfaisant et pour plus d'aisance en cours de travail.
Il s'agit en quelque sorte de le doubler à la manière d'un vêtement en mesurant très précisément, étape par étape, ses dimensions intérieures. Le sol, les parois des côtés, le plafond et le fond, constituent les cinq éléments du « gros œuvre » à fabriquer en priorité. D'autre part, il ne faut pas négliger l'aspect extérieur de la boîte ; l'habiller d'un joli papier si elle est en carton, la vernir ou la peindre si elle est en bois.

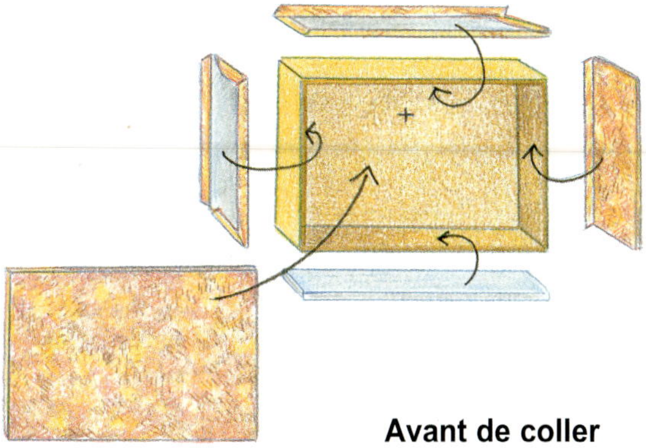

**Avant de coller le fond, poser un anneau au milieu de la boîte au tiers de sa hauteur.**

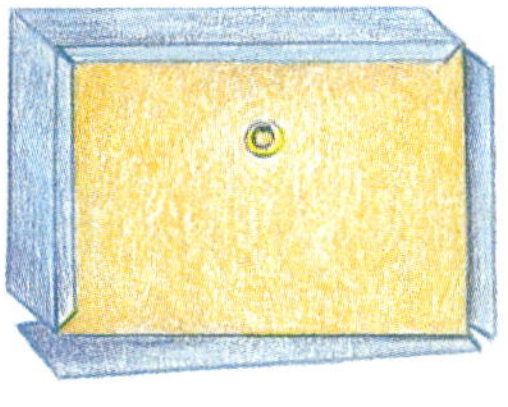

## Décoration intérieure

Garder toujours en vue le volume de base ; cela permet d'éviter les erreurs d'échelle trop flagrantes (on a souvent tendance à acheter ou à construire trop grand). Faire plusieurs essais de mise en place avant la pose définitive de chaque objet.

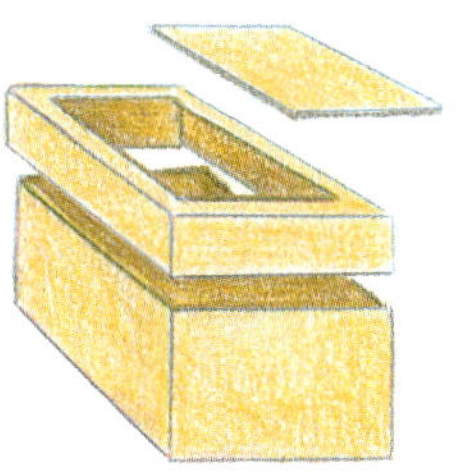

**Découper une fenêtre à 1,5 cm des bords.**

## Encadrement

Lorsque l'ensemble du travail est terminé, trois solutions d'encadrement sont ici proposées :
• une vitre glissée dans la rainure d'une boîte à tirette (prévue initialement pour le couvercle),
• une fenêtre ouverte dans le couvercle d'une boîte en carton, la vitre étant maintenue à l'intérieur par une bande de kraft gommé,
• un encadrement traditionnel ; pour cela se reporter à la liste d'ouvrages page 4 ou confier le travail à un professionnel.

# Le fleuriste

## Matériel de base

- Carton bois ou plume de 3 mm d'épaisseur (sol et présentoir),
- carton 2 mm d'épaisseur (parois, porte, présentoir et plateau de comptoir),
- balsa 2 mm et 5 x 5 mm (étagère),
- plaque de mousse de type créa-mousse blanche (revêtement de sol et plateau de comptoir),
- papier « grain de banane » (parois),
- papier peau d'éléphant bleu (habillage extérieur de la boîte),
- fil de fer et tiges florales,
- fleurs et feuillages artificiels,
- raphia, paille et bâtons de cannelle,
- peinture acrylique blanche.

## Matériaux récupérés

- Grosse boîte d'allumettes (comptoir),
- 2 miroirs de poche,
- perles, calottes festonnées et bouchons (vases),
- ruban de 2 mm de large ou bolduc (couronne de fleurs),
- fleurs séchées,
- tampon à récurer,
- film transparent (emballage du bouquet),
- étiquette de savon (enseigne).

## Trouvailles en boutique

- Oiseau exotique,
- panier en osier,
- mini-bocaux en verre
- bouquet de roses.

VOLUME DE BASE

**Boîte en carton de 22 x 17 cm et 10 cm de profondeur (à acheter)**

## Fabrication

Coller dans l'ordre : le sol, les parois des côtés, le plafond et le fond.

### Sol

Le sol est une plaque de mousse blanche encollée sur du carton bois de 3 mm d'épaisseur.

### Parois et plafond

Les parois, le plafond et le fond sont tapissés de papier « grain de banane » sur du carton de 2 mm d'épaisseur.
Découper et peindre la porte (13 x 6,5 cm), coller le miroir, et mettre l'ensemble en place au fond à gauche.

Habiller l'extérieur de la boîte.

## Aménagement du lieu

### Étagère

Découper une lamelle de balsa de 1 cm de large et de longueur égale au miroir. Coller dessous une baguette de 0,5 x 0,5 cm. Peindre et mettre en place avec le miroir.

# Le fleuriste

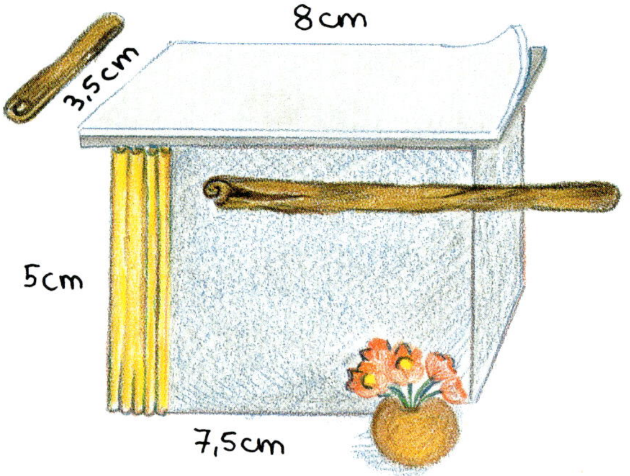


## Fleurs et pots

Coller les couronnes aux murs et les divers vases et pots sur leurs présentoirs. Celui qui contient le bouquet sec est maintenu à la paroi par un fil de fer plastifié blanc tordu fixé à l'aide d'une punaise.

## Comptoir

Fabriquer le comptoir.
Tapisser de brins de paille.

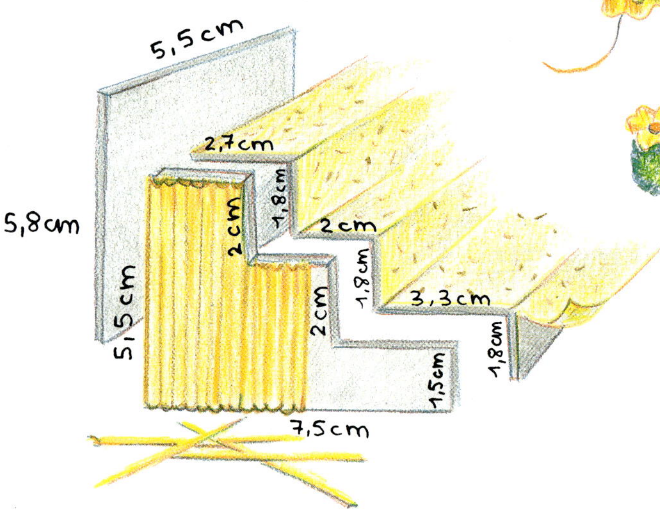


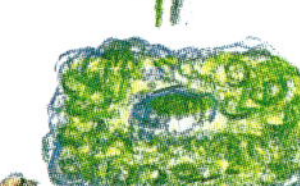

## Finitions

### Cadre traditionnel peint en blanc

*Coller sur le bord supérieur l'enseigne du fleuriste et aux deux coins du bas un bac garni de plantes vertes artificielles.*

## Présentoir

Fabriquer le présentoir.
Le tapisser de brins de paille.

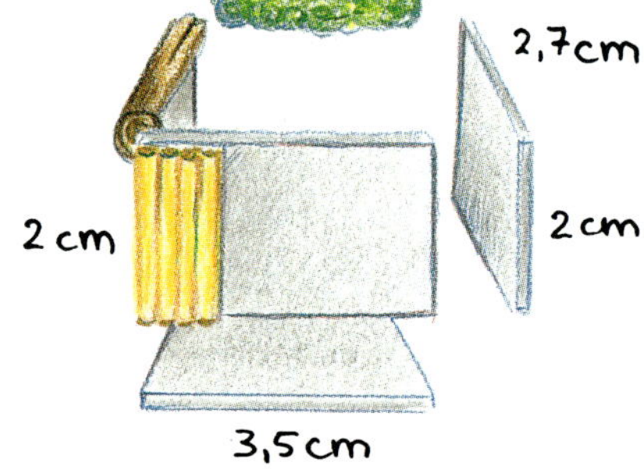

# Un brin de toilette

## Matériel de base

- Allumettes géantes (plancher),
- bâtonnets en bois (plancher),
- carton 2 mm d'épaisseur (parois et meuble du lavabo),
- carton bois 3 mm d'épaisseur (meuble du lavabo),
- balsa 2 mm d'épaisseur (étagères),
- fil de fer plastifié blanc (lampes),
- papier peau d'éléphant ivoire et bleu (habillage intérieur et extérieur de la boîte),
- peintures acryliques.

## Matériaux récupérés

- Étiquette de savon (frise),
- • blister de petit fromage blanc (lavabo),
- tube de comprimés et ruban de paille (panier à linge),
- miroir de poche et cordonnet doré (miroir),
- 2 vis et 1 pince de boucle d'oreille (robinetterie),
- élastique plat et galon laineux (serviettes de toilette),
- 2 calottes festonnées, 2 boutons translucides, 2 perles, pâte adhésive (lampes),
- perles, boutons et pot de safran (flacons et bocaux).

## Fabrication

**VOLUME DE BASE**

Boîte en carton 15 x 20 cm et 7,5 cm de profondeur (à acheter)

**Sol du cabinet de toilette**

## Sol

Coller horizontalement à même le sol de la boîte 7 allumettes géantes espacées d'environ 1 cm. Aligner et coller ensuite perpendiculairement 14 bâtonnets dont on aura scié un des bouts ronds.

## Parois et plafond

Coller ensuite dans l'ordre : les parois des côtés, le plafond et le fond tapissés de papier peau d'éléphant ivoire sur du carton de 2 mm d'épaisseur. Placer la frise à 1,5 cm du plafond.
Habiller l'extérieur de la boîte.

# Un brin de toilette

## Aménagement du lieu

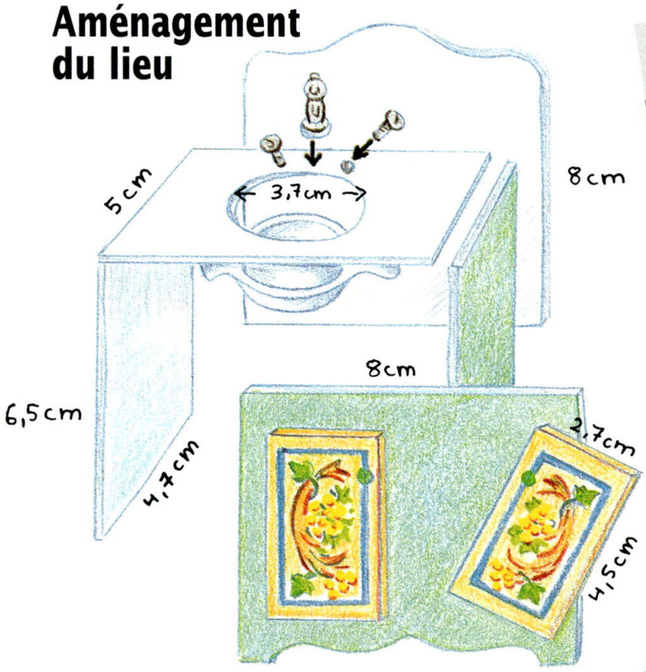

### Meuble du lavabo

Fabriquer le meuble du lavabo. Peindre le plateau en blanc, le reste en harmonie avec la frise des murs. Coller la robinetterie, vis légèrement enfoncées et « robinet » collé sur une pastille de carton.

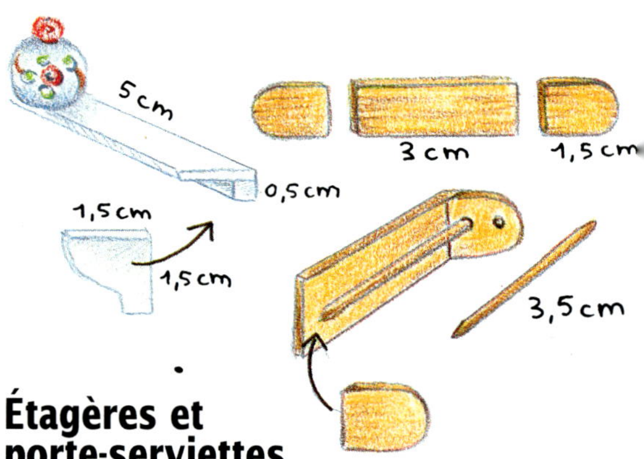

### Miroir

Mettre en place le miroir et les lampes.

### Étagères et porte-serviettes

Fabriquer le porte-serviettes et les étagères puis les coller de part et d'autre du lavabo.

### Panier à linge

Couper un tube de comprimés à 4 cm de haut et recouvrir de ruban de paille.

### Détails

Coller le tableau au mur ainsi que tous les accessoires de toilette sur les étagères et sur l'entourage du lavabo.

# Un thé à Kyoto

## Matériel de base

- Carton bois ou plume 3 mm d'épaisseur (sol),
- carton 2 mm d'épaisseur (parois, paravent, portes),
- rabane et ruban adhésif noir (revêtement de sol),
- balsa 2 mm d'épaisseur (table basse),
- pâte à modeler de type Fimo (théière),
- papier « bois naturel » (parois),
- papier indien « nuit et soie » (habillage extérieur de la boîte),
- peinture acrylique noire.

## Matériaux récupérés

- Carte postale des Nymphéas de Claude Monet (paysage),
- timbre japonais (estampe),
- papier cadeau et brochettes en bois (paravent),
- papier sulfurisé (portes),
- papier ondulé d'emballage de biscuits et pique-olives (lampe),
- perles (tasses et vase),
- chutes de tissus imprimés (coussins),
- fleurs séchées (bouquet).

VOLUME DE BASE

Boîte à biscuits de 23,5 x 21,5 cm et 10,5 cm de profondeur (à récupérer)

## Fabrication

Coller dans l'ordre le sol, les parois des côtés et le plafond.

## Sol

Coller la rabane sur du carton bois de 3 mm d'épaisseur. Compartimenter l'espace en 4 tatamis à l'aide de ruban adhésif noir.

## Parois des côtés et plafond

Les parois et le plafond sont tapissés de papier « bois naturel » sur du carton de 2 mm d'épaisseur.

## Paroi du fond

Ouvrir une porte-fenêtre aux dimensions de la reproduction de tableau (moins quelques millimètres). Tapisser. Coller l'image au verso et l'ensemble au fond de la boîte. Habiller l'extérieur de la boîte.

# Un thé à Kyoto

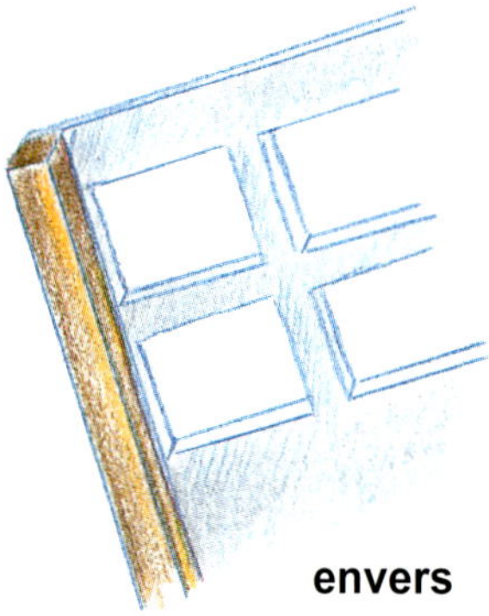


## Aménagement du lieu

### Paravent

Découper 3 rectangles de carton de 3,5 x 11 cm. Recouvrir de joli papier. Coller sur chaque bord une brochette en bois. Assembler les trois panneaux sur l'envers avec du ruban adhésif.

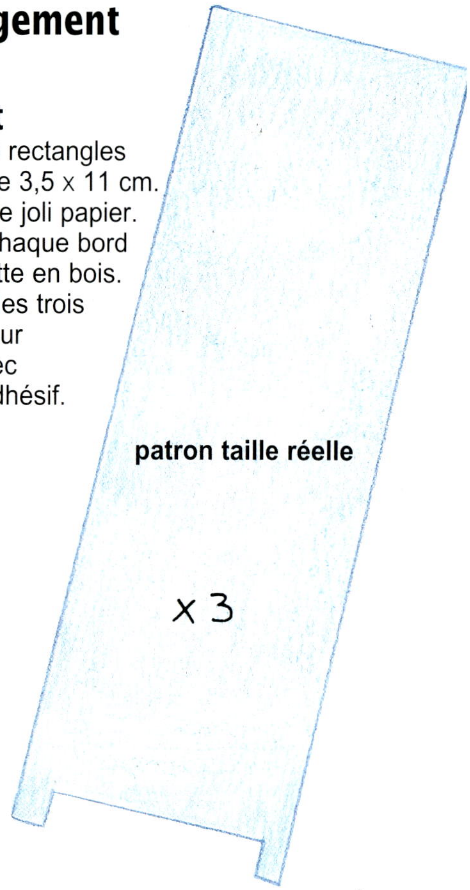


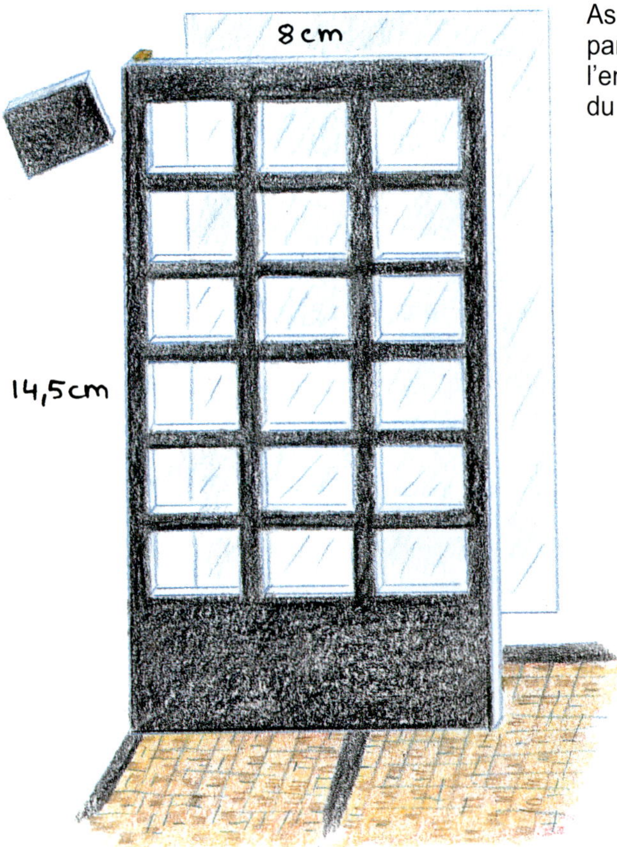


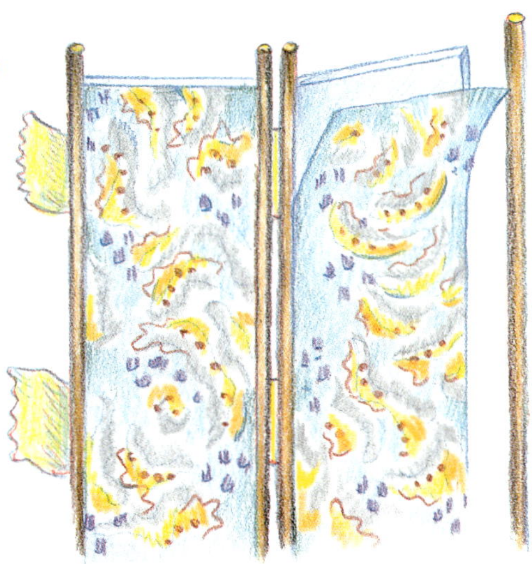

### Portes japonaises

Découper 2 rectangles de carton contrecollé noir (ou peints en noir) de 14,5 x 8 cm.
Évider à intervalles réguliers.
Coller au verso une feuille de papier sulfurisé.
Mettre en place à environ 2,5 cm du fond.
Pour bien les maintenir aux parois, coller une baguette de balsa sur les faces cachées.

## Table basse

Découper et peindre 8 lamelles de balsa de 4,5 x 0,5 cm et deux de 3,5 x 0,5 cm. Assembler et coller. Utiliser quatre perles pour les pieds.

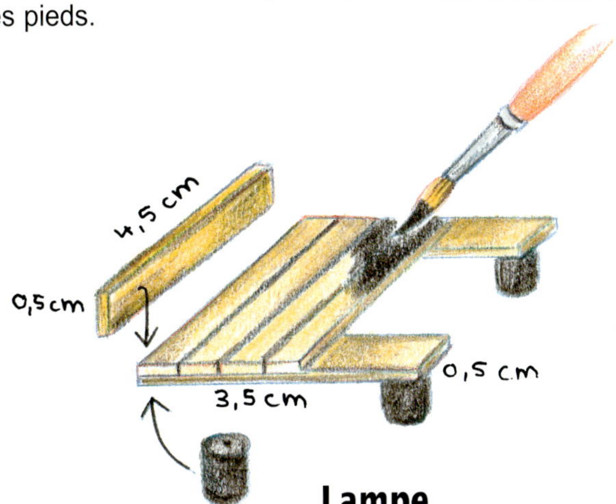


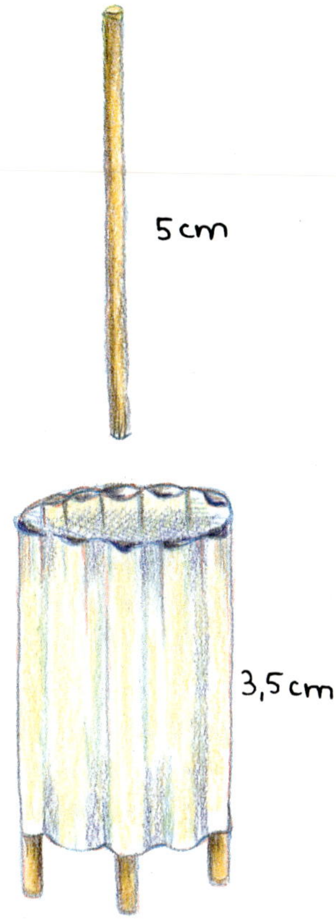


## Lampe

Couper le papier ondulé d'emballage. Enfiler 4 brochettes en bois dans les cannelures pour faire les pieds.

## Coussins

Coudre endroit contre endroit deux carrés de tissu de 3,5 x 3,5 cm. Retourner et bourrer de fil de laine.

## Finitions

*Modeler la théière avec une pâte de type Fimo.*
*Avant cuisson, la piqueter avec une épingle. Former l'anse avec du fil de fer. Entortiller autour du fil à broder noir enduit de colle.*
*Coller l'estampe et placer les fleurs dans le vase.*

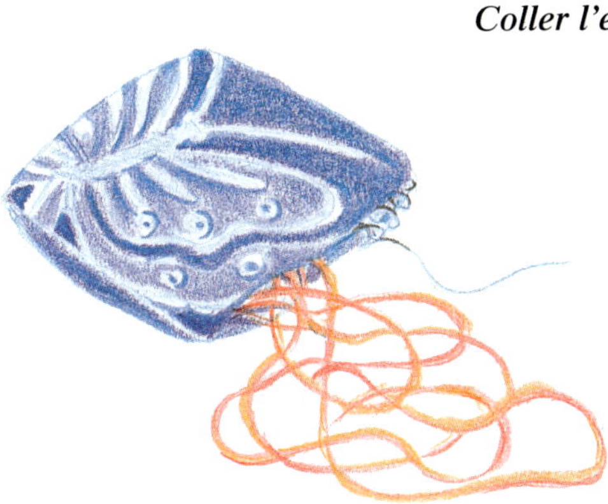

# L'heure de la sieste

## Matériel de base

- Carton plume 1 cm d'épaisseur (fond de la boîte),
- carton bois 3 mm d'épaisseur (sol et boiseries),
- balsa 2 mm d'épaisseur (parquet et boiseries),
- carton 2 mm d'épaisseur (parois et meubles),
- papier « faux bois » noyer clair (habillage des meubles et extérieur de la boîte),
- papier népalais (parois),
- pâte à modeler durcissant à l'air (vêtements, chapeau, champignons, bougie),
- peintures acryliques,
- vernis satiné chêne clair.

## Matériaux récupérés

- Éponge plate, tissus blancs et imprimés (literie),
- rivet doré (bougeoir),
- tube en carton d'essuie-tout, fil de fer (poêle),
- chutes de papier noir (tuyau du poêle),
- perles (pieds de meubles, portemanteau, vase),
- fleurs séchées et petits bois sec,
- images découpées ou réduites à la photocopieuse (livres et tableaux),
- bouton en forme de paire de chaussures.

## Fabrication

### Parquet, parois, plafond

Coller dans l'ordre : le parquet, les parois des côtés et le plafond. Le parquet est fait avec 18 lames de balsa vernies et encollées sur du carton bois de 3 mm d'épaisseur.
Les parois et le plafond sont tapissés de papier népalais sur du carton de 2 mm d'épaisseur.

### Paroi du fond

Ouvrir une fenêtre (5,5 x 7 cm) à 6 cm du bas et à 5 cm du bord gauche. Tapisser. Masquer la tranche de la fenêtre avec des lamelles de balsa vernies et encadrer le tour avec des baguettes peintes en blanc. Placer une photo au verso. Coller l'ensemble contre le fond de la boîte. Coller les plinthes vernies au bas des murs. Habiller l'extérieur de la boîte.

## Aménagement du lieu

### Trouvailles en boutique

- Panier en osier,
- pot et tasse.

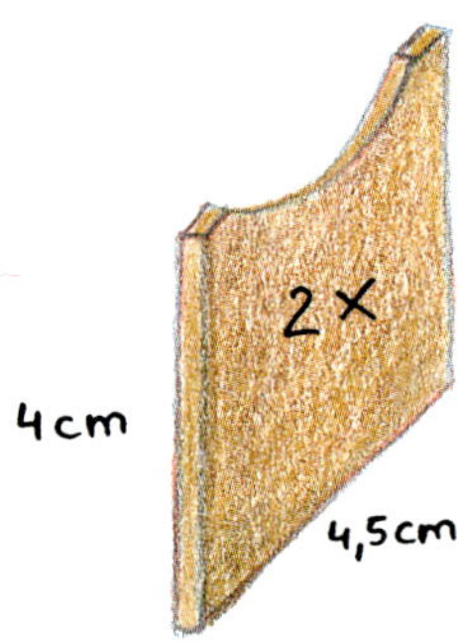


### Lit

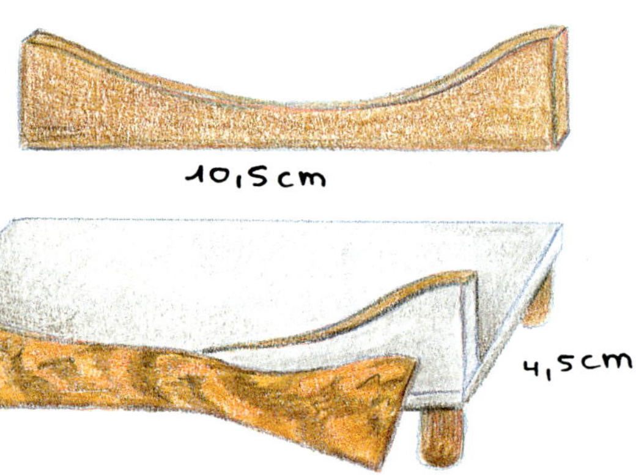

## VOLUME DE BASE

Boîte en carton de
17,5 x 17,5 cm et 10 cm
de profondeur (à acheter)

# L'heure de la sieste

## Étagère

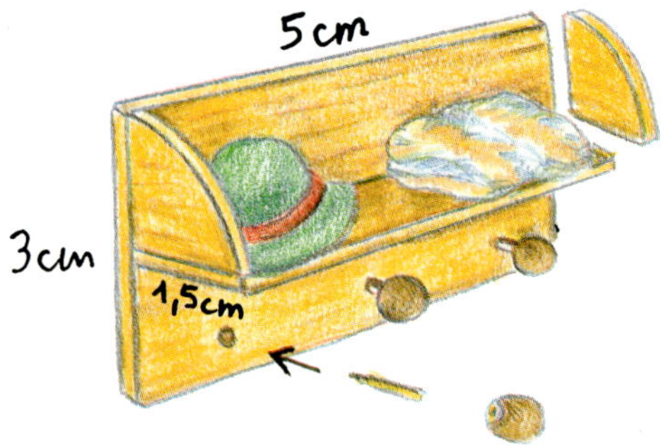


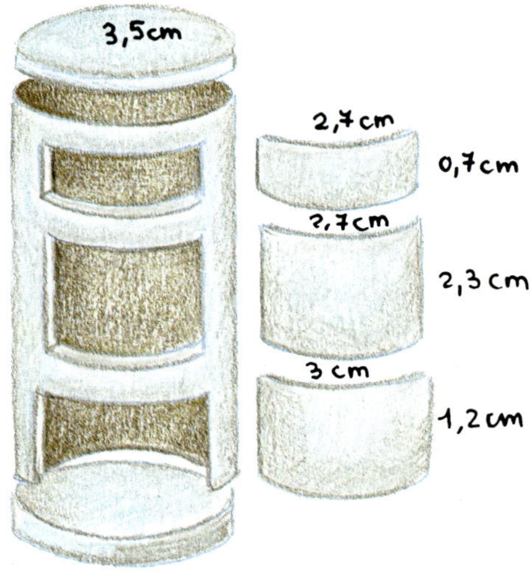


## Table de chevet

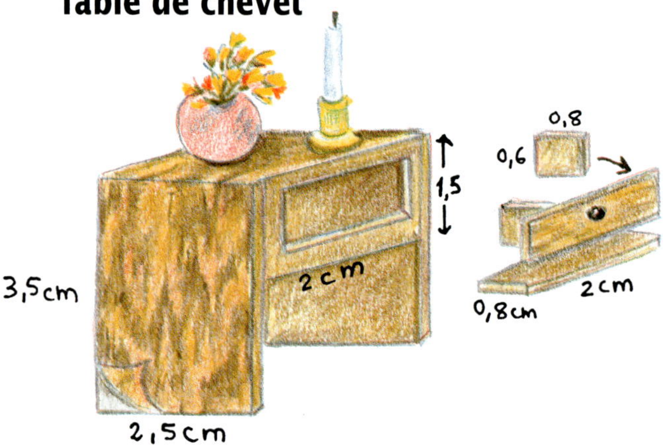


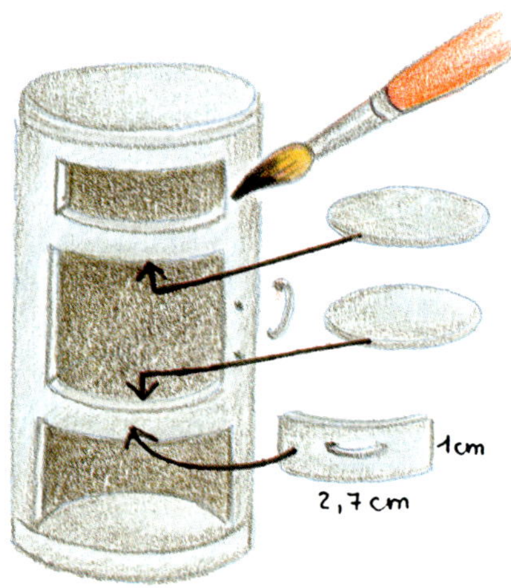


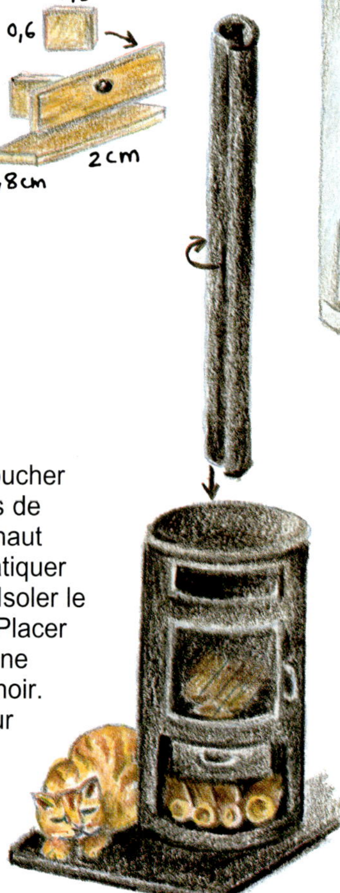

## Poêle

Découper 5 cm de tube en carton. Boucher chaque extrémité avec deux rondelles de carton (de 2 mm d'épaisseur pour le haut et 3 mm d'épaisseur pour le bas). Pratiquer trois ouvertures et coller un « tiroir ». Isoler le foyer avec deux rondelles de carton. Placer les bûches à l'intérieur, fermer avec une feuille de rhodoïd. Peindre le tout en noir. Enfoncer des poignées en fil de fer sur le côté et sur le tiroir. Coller le poêle sur un rectangle de balsa peint en noir. Placer le tuyau et bien le mesurer pour qu'il touche le plafond.

## Détails

Modeler les vêtements, les champignons et la bougie. Coller aux murs les images et le bouquet sec.

# La maison bleue

VOLUME DE BASE

Boîte en bois, coffret d'emballage de vin 26 x 32,5 cm et 9 cm de profondeur (à récupérer)

## Matériel de base

- Carton bois 3 mm d'épaisseur (façade),
- tasseau de 2,5 cm de large (façade),
- carton 2 mm d'épaisseur (parois et boîte aux lettres),
- balsa en plaque de 2 mm d'épaisseur (boiseries et barrières),
- bûchettes (rebords de fenêtres),
- papier blanc 200 g (peinture en trompe l'œil des parois),
- feuille de rhodoïd (vitres et vélo),
- pâte à modeler durcissant à l'air (selle et pédales de vélo),
- peintures acryliques.

## Matériaux récupérés

- Sable et éponge à récurer (sol),
- écorces d'if (façade),
- photo de magazine et dame de Boticelli (scène intérieure),
- ruban de dentelle (rideaux),
- fil de fer, raphia et ruban (couronne de porte),
- carton d'emballage, boutons pression, brochettes de bois (vélo),
- lichen et boules de mimosa sec (plante en pot),
- fil de fer, ruban de crépon, fleurs séchées (glycine).

## Fabrication

**Attention**
Peindre tous les éléments avant de coller la façade.

Peindre ou vernir l'extérieur et les tranches de la boîte.

### Côtés et plafond

Peindre en trompe-l'œil une végétation et un ciel sur du papier et encoller sur du carton de 2 mm d'épaisseur.
Encoller dans l'ordre : les deux côtés et le ciel.
Coller une photo sur le fond de la boîte et deux tasseaux en haut et en bas sur lesquels viendra se placer la façade.

### Façade

Découper un rectangle de carton bois aux dimensions intérieures de la boîte.

**Fenêtres**
Ouvrir deux fenêtres (5 x 8 cm) à 8 cm du bas et à 3,5 cm de chaque côté. Tracer au crayon et à la règle les ouvertures. Découper soigneusement les carreaux un par un. Coller deux bûchettes au bas des fenêtres et une languette de balsa (0,5 cm de large) sur le bord supérieur.

**Trouvailles en boutique**
- Chat et pigeon,
- bouteille de lait, panier et roses.

# La maison bleue

**Porte**
Ouvrir une porte (9,5 x 5,5 cm) entre les deux fenêtres. Tracer au crayon et à la règle les ouvertures. Découper les carreaux. Coller une plaque de balsa sur le plein de la porte, un cadre sur le pourtour et deux plinthes de 1,5 cm de haut de part et d'autre de l'entrée.

**Volets**
Les volets (2,5 x 8 cm) sont mis en place après avoir entièrement recouvert d'écorce taillée en lamelles, le restant de la façade.

Coller derrière les ouvertures un rhodoïd, une silhouette découpée et un rideau.
Coller l'ensemble au sol et sur la tranche des tasseaux.

## Sol
Badigeonner largement de colle vinylique. Placer au premier plan de chaque côté deux rectangles d'éponge à récurer (11 x 3 cm et 8 x 3 cm) et saupoudrer le reste de sable.

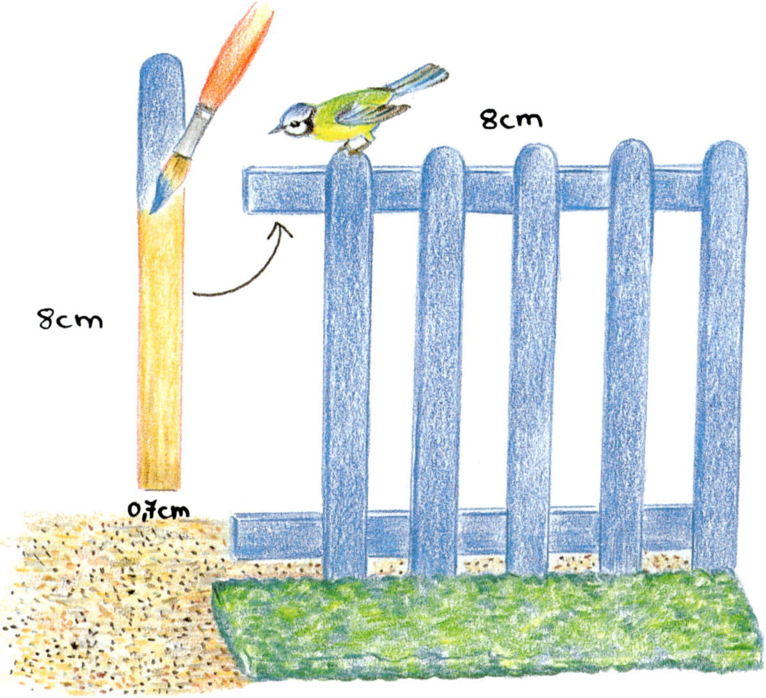


## Boîte aux lettres

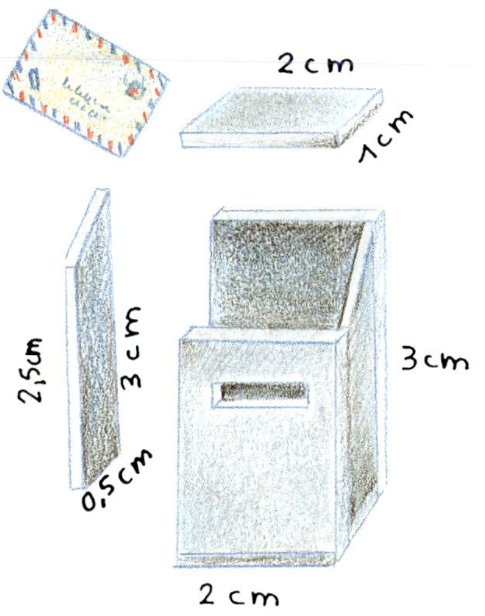


## Détails
Coller en place et ajouter les derniers détails : le chat, le pigeon, la couronne, le pot de fleurs, etc.

## Barrière
Découper 14 baguettes de balsa (8 x 0,7 cm) pour les barres verticales. Arrondir à la lime ou au papier de verre une des extrémités. Pour les barres horizontales, il faut découper 4 baguettes : 2 de 11 x 0,7 cm (barrière gauche) et 2 de 8 x 0,7 cm (barrière droite).

## Glycine
Relier les deux barrières par un arceau de fil de fer enrobé de ruban crépon et de fleurs séchées.

# L'épicerie provençale

**VOLUME DE BASE**

Coffret d'emballage de vin 32 x 28 cm et 9,5 cm de profondeur (à récupérer)

## Matériel de base

- Carton 2 mm d'épaisseur (parois),
- papier peau d'éléphant ivoire (habillage des parois),
- carton bois 3 mm d'épaisseur (marches, comptoir),
- balsa en plaques de 2 mm d'épaisseur (plinthes, mezzanine et rayonnages),
- balsa en baguettes de 2 x 2 mm (balustrade) et 5 x 5 mm (rayonnages et mezzanine),
- allumettes géantes (rampe et rayonnages),
- pâte à modeler durcissant à l'air ou de type Fimo (fruits, pain, légumes, etc.),
- peintures acryliques,
- vernis satiné chêne moyen.

## Matériaux récupérés

- Toile de jute (sacs de riz et de pommes de terre),
- petites boîtes d'allumettes (cageots),
- raphia et graines de coriandre (tresse d'ail),
- perles de verre, fil (rideau),
- montre hors d'usage (pendule),
- dé à coudre émaillé (pot de fleurs),
- petits bouchons, boutons, papier de couleur et cartons (boîtes et bocaux),
- carte postale et images découpées ou photocopiées.

## Fabrication

### Volume de base

Vernir le sol et l'extérieur de la boîte. Coller dans l'ordre : les parois des côtés et le plafond tapissés de papier peau d'éléphant ivoire sur du carton de 2 mm d'épaisseur.

### Paroi du fond

Ouvrir une porte (15 x 5,5 cm) à 12 cm du bord droit et à 3 cm du sol. Tapisser. Coller au verso une carte postale typique et au recto les marches (voir plan p. 31) préalablement peintes. Coller l'ensemble contre le fond de la boîte.

Coller les plinthes aux bas des murs et un encadrement à la porte. Les peindre avant la pose.

**Trouvailles en boutique**

- Paniers en osier,
- verre de vin,
- bouteilles,
- distributeur de bonbons,
- bouquet de roses,
- souris et chien.

ANTIBES

# L'épicerie provençale

## Aménagement du lieu

### Rayonnages

Découper 5 lamelles de balsa de 10 x 1,5 cm et 5 lamelles de 7 x 1,5 cm. Les scier à 45° sur un côté de manière à les assembler dans l'angle et ôter un carré de 0,5 x 0,5 cm de l'autre côté pour le passage de la poutre.
Couper les poutres (21 cm) dans une baguette de balsa de 0,5 x 0,5 cm. Vernir tous les éléments avant de les assembler et les coller en place. Prévoir 4 cm entre les étagères. Pour plus de stabilité, on peut coller une tige de bois sous chacune d'elle.

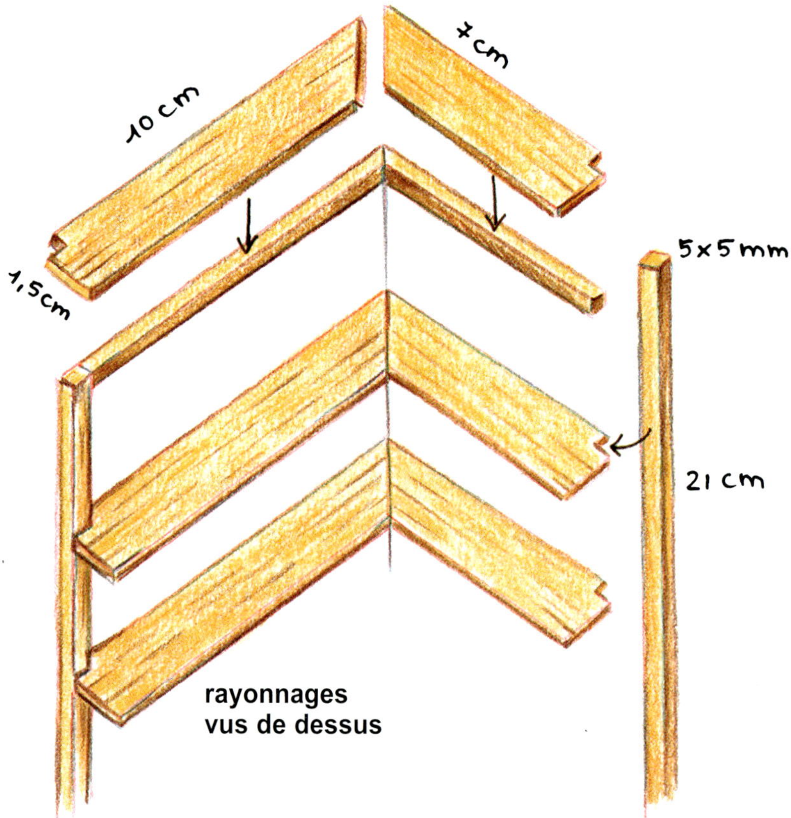

rayonnages vus de dessus

**La rambarde**

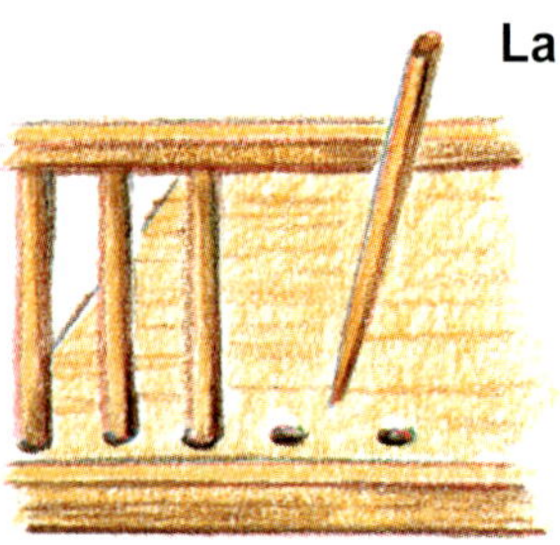
extérieur

intérieur

### Mezzanine

Elle repose en partie sur les rayonnages d'un côté et sur un cadre en baguettes de balsa de l'autre côté.

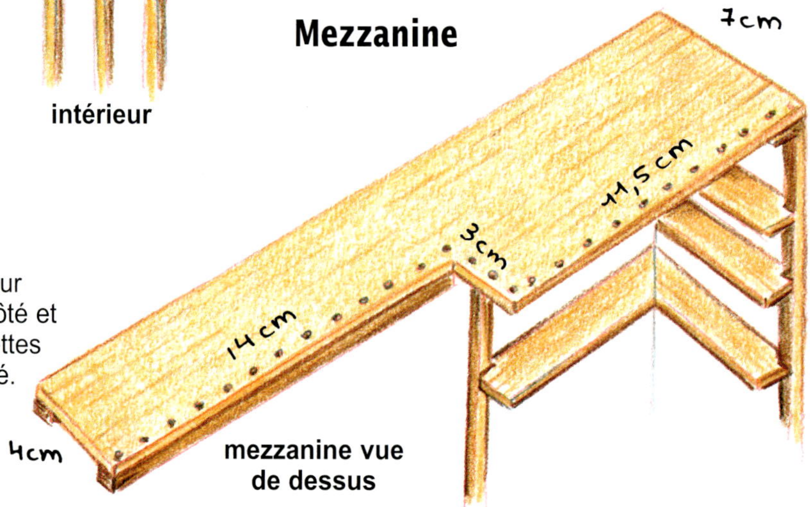

mezzanine vue de dessus

## Comptoir

Fabriquer le comptoir, le peindre et le coller au sol.

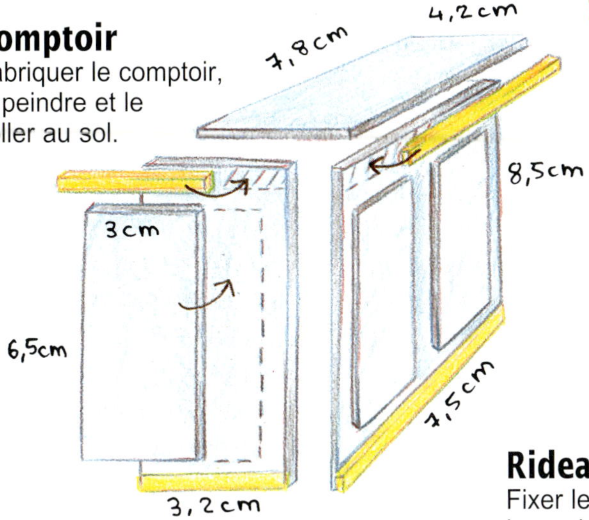

## Rideau de perles

Fixer le rideau de perles.
Le maintenir sur le côté par un brin de raphia et une épingle à tête plate.

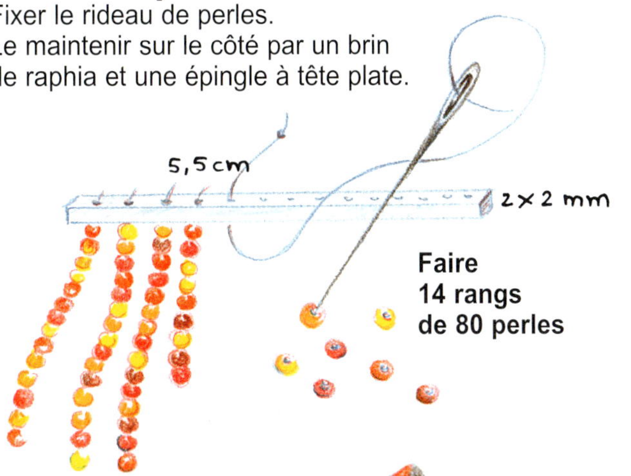


## Marches

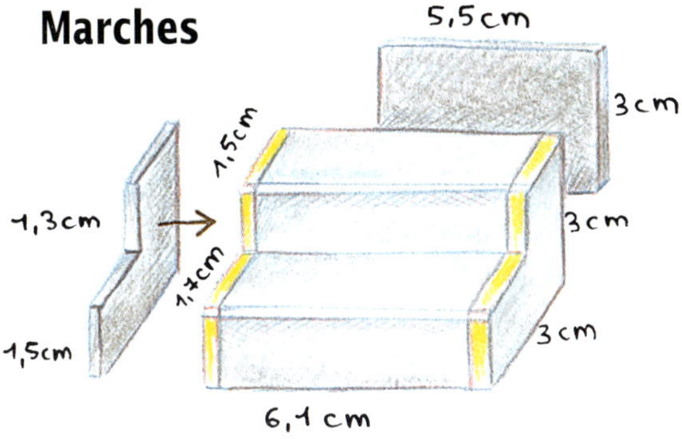


## Boîtes

Réaliser les boîtes avec du carton plume recouvert de joli papier ou avec un bouton collé sur un bouchon.

## Accessoires

Décorer les murs et mettre en place la marchandise : modeler fruits et légumes, fabriquer des boîtes de conserve, etc.

# La chambre du voyageur

## Matériel de base

- Carton bois de 3 mm d'épaisseur (sol, armoire),
- carton de 2 mm d'épaisseur (parois, étagères),
- rabane (parois, armoire),
- papier micro-cannelure (perchoir, ventilateur),
- papier népalais (habillage extérieur de la boîte),
- pâte à modeler de type Fimo (serpent, perroquet, fruits, etc.).
- pâte durcissant à l'air (sac à dos, vêtements, coussin, etc.),
- peintures acryliques.

## Matériaux récupérés

- Brochettes en bois (sol, parois),
- cure-dents, pique-olives (stores, perchoir, tringle, etc.),
- raphia et filet de pommes de terre, clou de jonction de boucle d'oreille (hamac),
- gros bouton et trois chevilles (guéridon),
- entourage de bouchon de vin (pales du ventilateur),
- fil de fer plastifié, bouton et coquillage, papier de type Canson (lampe),
- chutes de cuir et tissus imprimés (bagages et tapis),
- perles oblongues ou cylindriques (ventilateur, vase),
- ombrelle décorative de sorbet (parapluie),
- images réduites à la photocopieuse (livres, carte, posters, etc.).

## Fabrication

Coller dans l'ordre : le plancher, les parois des côtés et le plafond.

### Plancher

Le plancher est constitué d'une série de brochettes en bois encollées sur du carton bois de 3 mm d'épaisseur.

### Parois et plafond

Les parois et le plafond sont tapissés de rabane sur du carton de 2 mm d'épaisseur.

VOLUME DE BASE

Carton à chaussures d'enfant de 22 x 17 cm et 9 cm de profondeur (à récupérer)

**Trouvaille en boutique**
- Bouteille de vodka.

## Aménagement du lieu

### Armoire

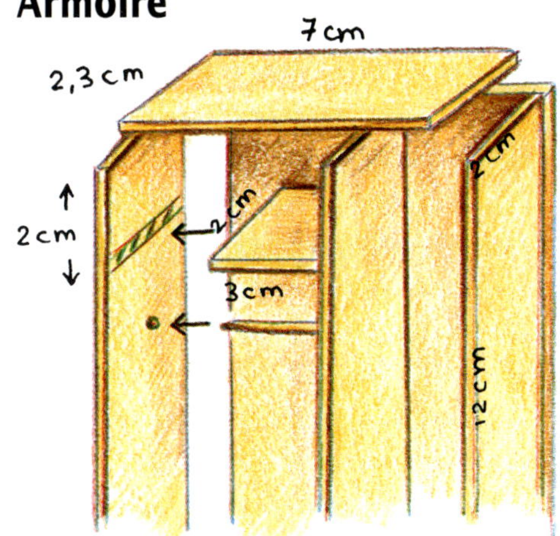


Porte

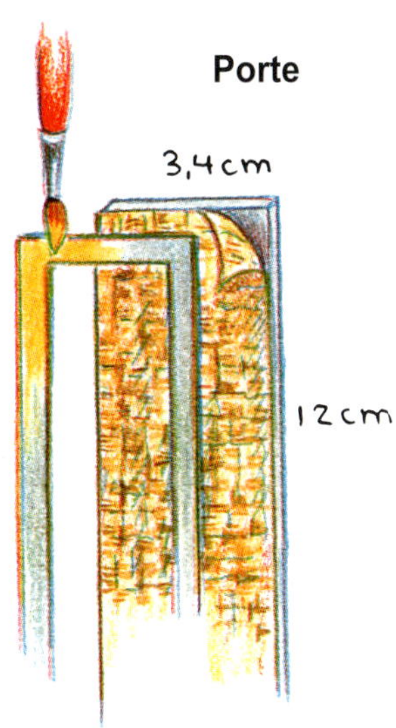


### Paroi du fond

Ouvrir une fenêtre (4 x 5 cm) à 2,5 cm du bord gauche et à 2,5 cm du plafond. Tapisser. Coller une photo au verso et un cadre en carton peint en ocre au recto. Coller l'ensemble contre le fond de la boîte.
Coller une série de brochettes le long des murs sur une hauteur de 4,5 cm. Habiller l'extérieur de la boîte.

# La chambre du voyageur

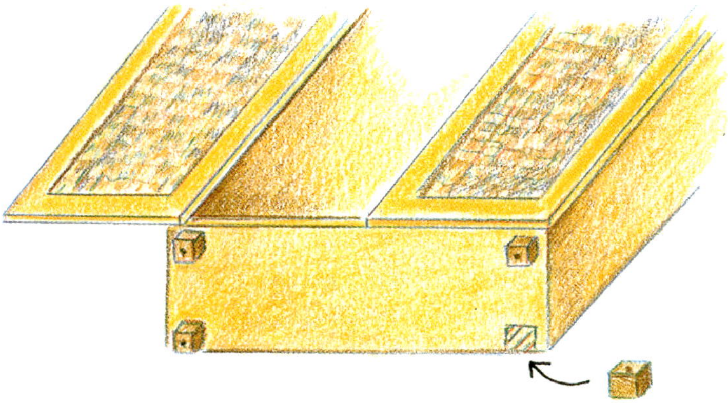

Dessous de l'armoire

## Ventilateur

Fabriquer le ventilateur et le coller au plafond.

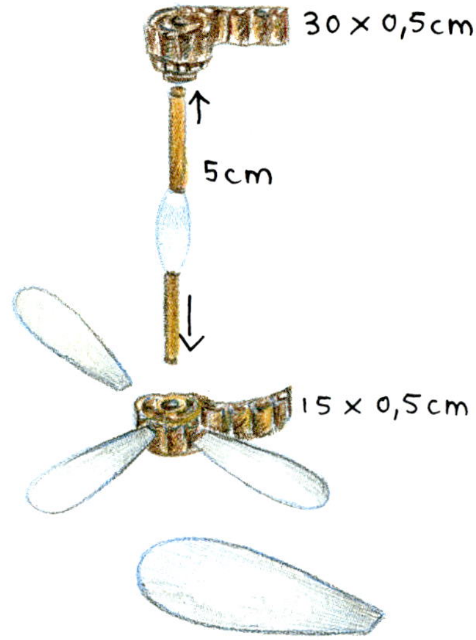


taille réelle

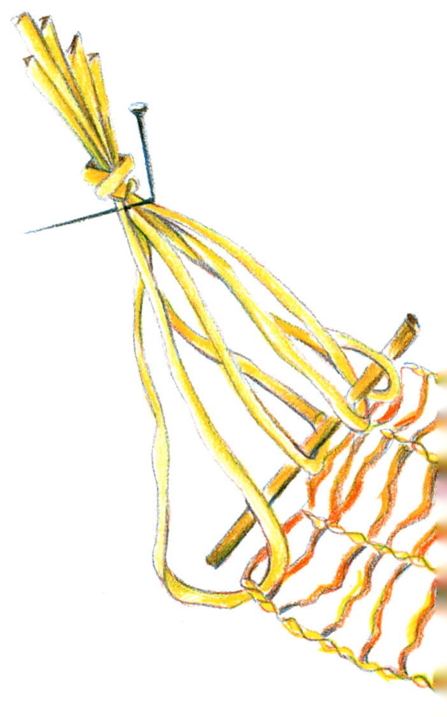

## Étagères

Coller dans l'angle les trois étagères peintes (1,5 cm de côté) à 6 cm du bas ` et à 2,5 cm d'intervalle.

## Store

Sur une feuille de rhodoïd, coller une douzaine de cure-dents dont sept rassemblés et collés en fagot. Tracer le fil à l'encre à 3 mm des bords. Coller le tout sur la fenêtre.

## Lampe
Assembler la lampe, la fixer au mur.

taille réelle

## Guéridon
Coller trois chevilles, rajouter un bouton pour le plateau, avec de la pâte à bois reboucher les trous, poncer et peindre.

## Tapis
Coller un tissu imprimé sur du feutre ou de la mousse.

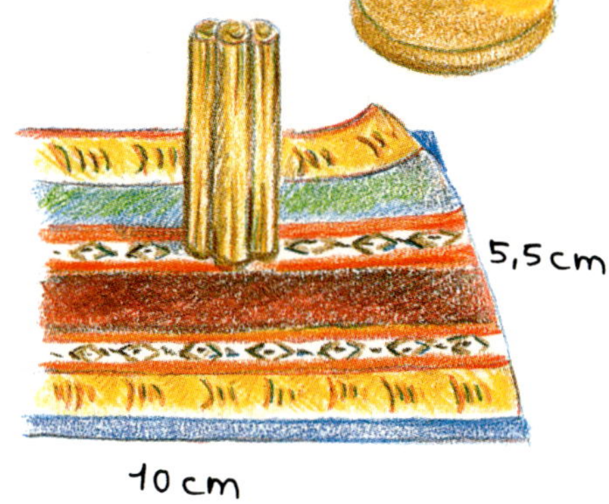


## Détails
Modeler et fabriquer les divers objets décoratifs et accessoires de voyage...

## Hamac
Il est maintenu aux murs par deux petits clous de boucle d'oreille enfoncés et recourbés.

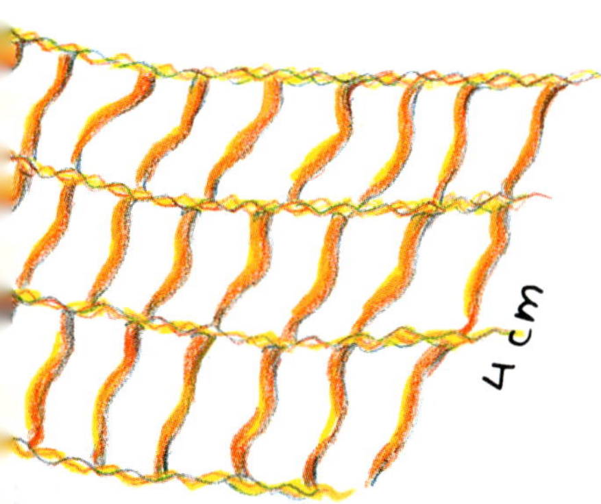

# Rendez-vous chez la voyante

## Matériel de base

- Carton bois 3 mm d'épaisseur (sol),
- carton plume 1 cm d'épaisseur (conduit de cheminée, bibliothèque et siège),
- carton 2 mm d'épaisseur (parois et mobilier),
- balsa en plaque de 2 mm d'épaisseur (parquet, boiseries, cheminée),
- balsa en baguette de 2 x 2 mm et 5 x 5 mm (siège et canapé),
- taffetas violet (parois),
- papier dit à la cuve (habillage de la boîte),
- pâte à modeler durcissant à l'air (chouette et salamandre),
- peintures acryliques,
- vernis satiné chêne moyen.

## Matériaux récupérés

- Chutes de tasseau 3 x 1,5 et baguettes d'encadrement (canapé et cheminée),
- chutes de velours, tissage oriental et lamé (ameublement),
- paillettes et galons,
- bouchon de gouache et bille translucide (boule de cristal),
- bobine de fil (socle de lampe),
- tubes en carton (pieds de table et colonne),
- perles et boutons noirs (vase et flacon),
- gros bouton bombé (pouf),
- papier doré et papier noir, bois calciné et photo de feu de cheminée (cheminée),
- images découpées ou réduites à la photocopieuse (gravures).

## Trouvailles en boutique

- Candélabres et miroir,
- bouquet de roses,
- lampe et chat noir.

## VOLUME DE BASE

Carton à chaussures 28 x 22 cm et 10 cm de profondeur (à récupérer)

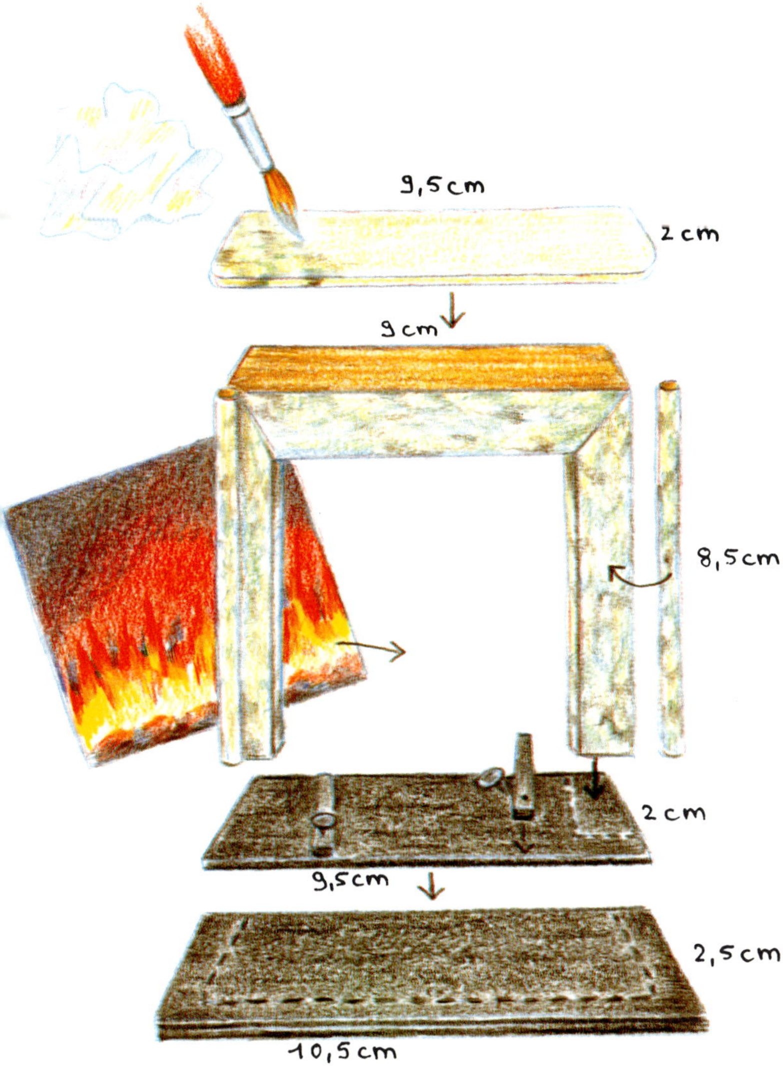


## Fabrication

Coller dans l'ordre :
le parquet, les parois
des côtés et le plafond.

### Parquet

Le parquet est constitué de 13 lames de balsa préalablement vernies (0,7 cm de large) et encollées sur du carton bois de 3 mm d'épaisseur.

### Côtés et plafond

Ils sont tapissés de taffetas contrecollé sur du carton de 2 mm d'épaisseur.

### Paroi du fond

Découper un rectangle de carton plume (1 cm d'épaisseur) de 9 cm de large et de la hauteur du sol au plafond. Peindre et coller la cheminée en bas, recouvrir la partie haute et les côtés de balsa verni.

Coller l'ensemble contre le fond de la boîte. Calculer les dimensions des parois de part et d'autre de la cheminée et procéder comme pour les côtés. Poser les lambris vernis (5,5 cm de haut) aux bas des murs. Habiller l'extérieur de la boîte.

### Recette du faux marbre

Utiliser de la peinture acrylique

**Première couche**
Appliquer un blanc cassé (blanc + une pointe de jaune ou de terre de Sienne)

**Deuxième couche**
Appliquer un gris (mélange de bleu, brun et blanc) dilué largement à l'eau ou au médium mat. Étendre rapidement la couleur et tamponner avant séchage avec un bout de plastique chiffonné.

# Rendez-vous chez la voyante

## Aménagement du lieu

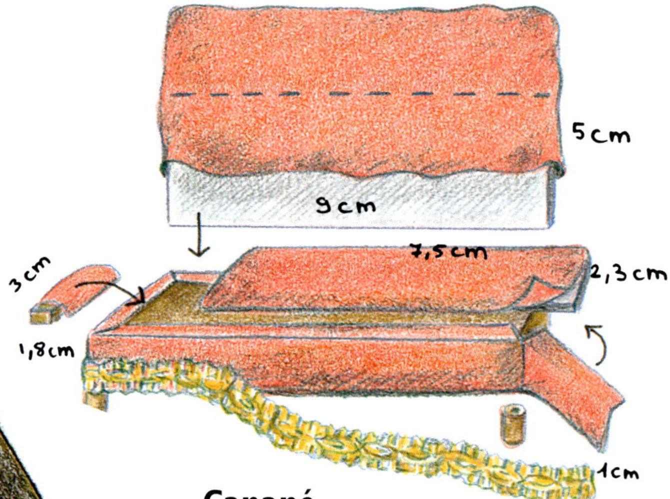


**Canapé**

**Bibliothèque** (taille réelle)

### Table ronde

Elle est réalisée à partir d'une rondelle de carton plume et d'un tube en carton de 4 cm de haut, le tout recouvert d'un cercle de lamé et d'une « jupette » froncée. Le raccord est dissimulé par un galon cousu ou collé.

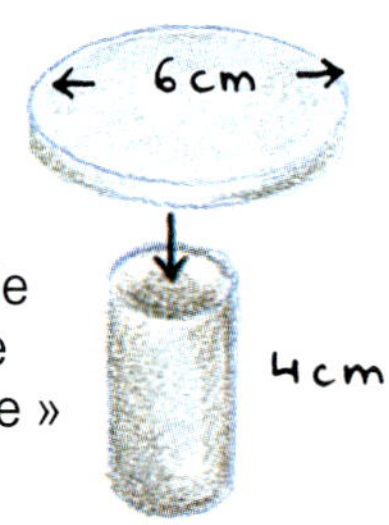


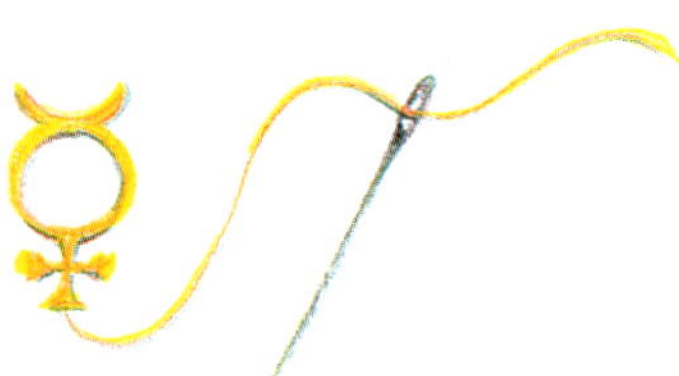

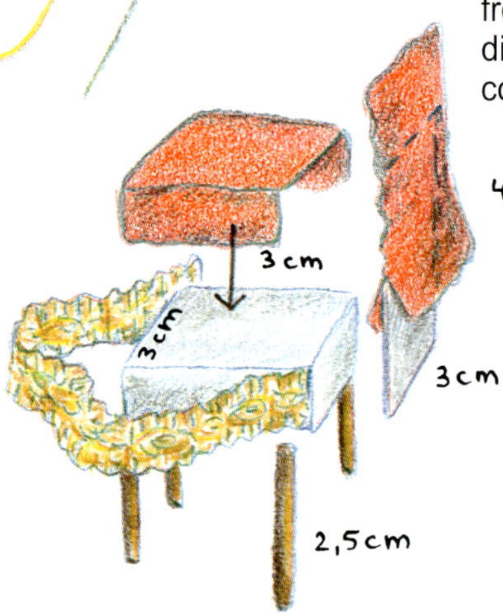

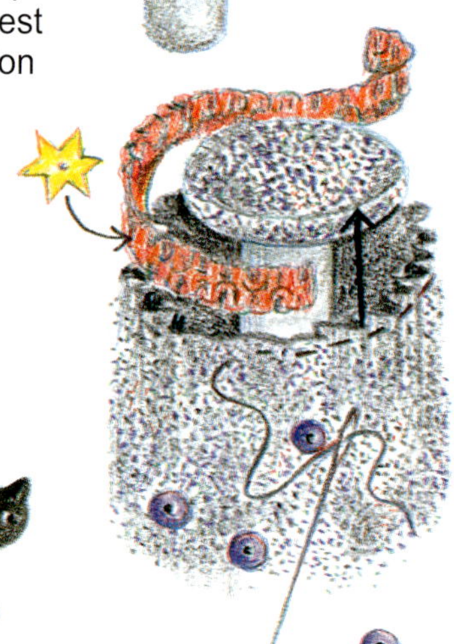

**Siège**

## Boule de cristal

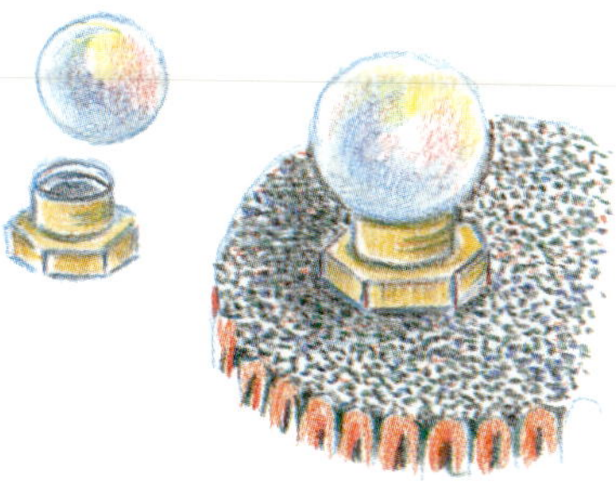

## Éléments décoratifs

Coller les gravures et tableaux, les candélabres et le miroir.

## Détails

Coller la lampe et le vase sur leur socle respectif. Mettre en place les derniers détails « ésotériques »...

# Une chambre sous les toits

## Matériel de base

- Carton bois ou plume 3 mm d'épaisseur (sols et parois),
- carton 2 mm d'épaisseur (mobilier),
- balsa 2 mm d'épaisseur et baguettes de 5 x 5 cm (boiseries et table basse),
- plaque de mousse de type Créa-mousse bleu (revêtement de sol),
- papier bleu (habillage extérieur de la boîte),
- vernis satiné chêne moyen (boiseries et table basse),
- pâte à modeler durcissant à l'air et pâte de type Fimo,
- peintures acryliques.

## Matériaux récupérés

- Chutes de papier peint blanc (habillage intérieur),
- tissu imprimé, ruban de satin et éponge plate (literie),
- plomb de carabine et perles irisées (spots),
- feuille de métal, fermoir de collier et fil argenté (lampe),
- carton d'emballage et pique-olives (échelle),
- dé à coudre (corbeille à papier),
- perles cylindriques en bois (pieds de table basse),
- images réduites à la photocopieuse (livres et posters),
- pot émaillé de dînette de poupée (cache-pot),
- ruban crépon adhésif et tige florale (plante),
- mines et fil de fer (crayons).

VOLUME DE BASE

Carton à chaussures d'enfants 15 x 25 cm et 9 cm de profondeur (à récupérer)

## Fabrication

Coller dans l'ordre : le sol, les parois des côtés et le fond.

## Sol

Le sol est une feuille de mousse collée sur du carton bois de 3 mm d'épaisseur.

## Parois et fond

Les parois et le fond sont peints ou tapissés également sur du carton bois de 3 mm d'épaisseur.

## Plafond mansardé

Il est fait à la manière d'un faux plafond. Découper un rectangle de carton bois de la largeur intérieure de la boîte (moins l'épaisseur des parois) et de 11 cm de long. Ouvrir une fenêtre. Peindre ou tapisser. Masquer les tranches de la fenêtre avec des languettes de papier brun. Coller au verso une photo de ciel. Mettre en place ce faux plafond en l'appuyant sur une baguette de balsa vernie.

## Mezzanine

Découper un rectangle de carton bois de la largeur intérieure de la boîte (moins l'épaisseur des parois) et de 6,5 cm de long. Coller une plaque de mousse et mettre en place sur un cadre de baguettes de balsa vernies à 12,5 cm du sol. Masquer la tranche avec une lamelle de balsa vernie de 1,5 cm de large.

## Plinthes

Peindre et coller les plinthes aux bas des murs.

# Une chambre sous les toits

## Aménagement du lieu

### Meuble à tiroirs

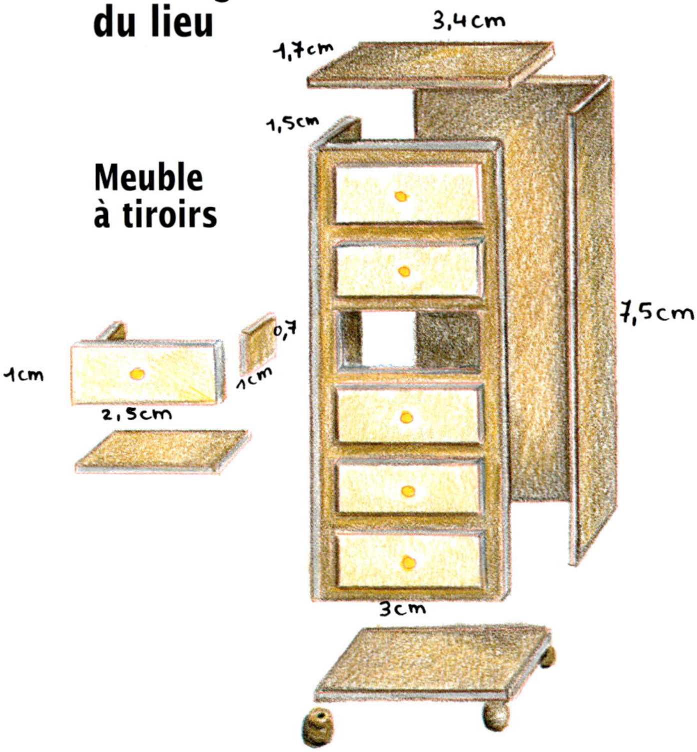

### Étagère simple

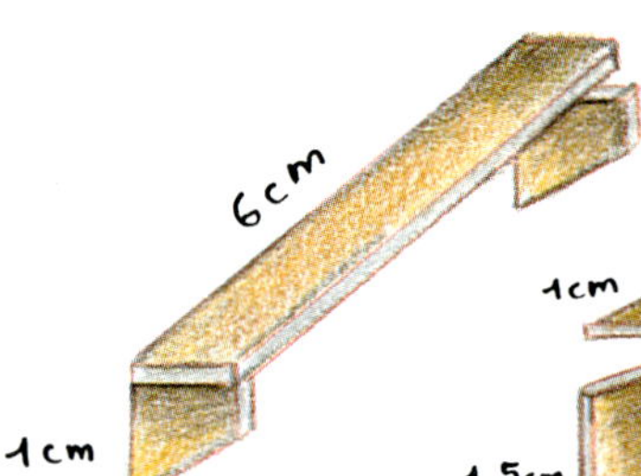


### Étagère double

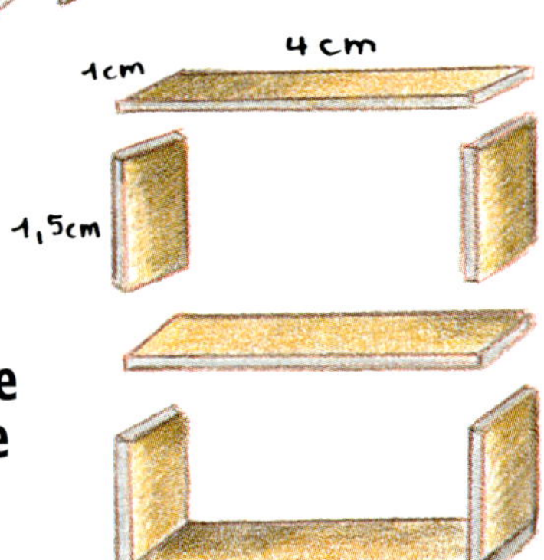


### Table à tréteaux

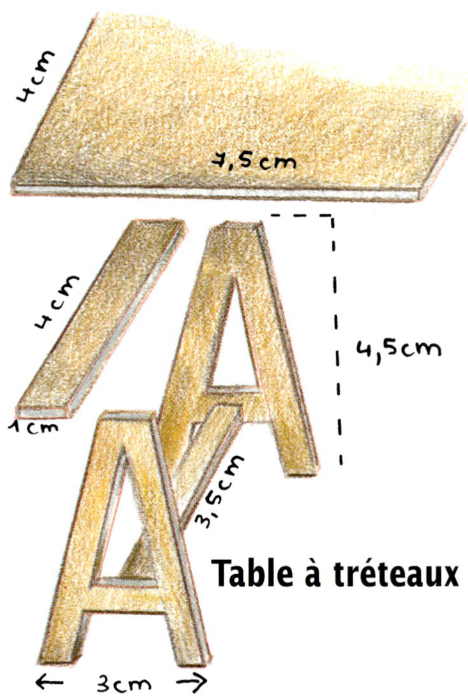

## Tabouret

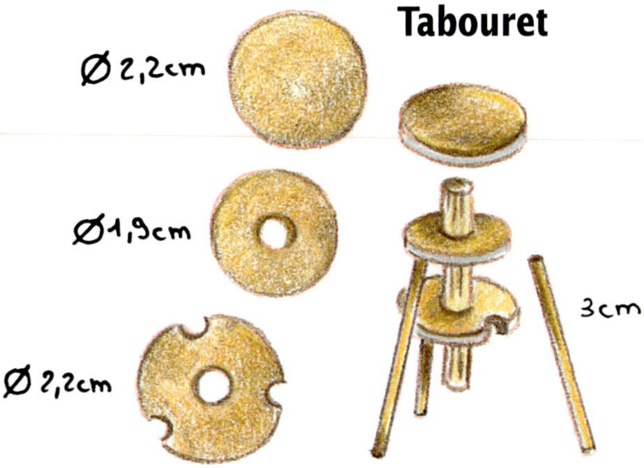


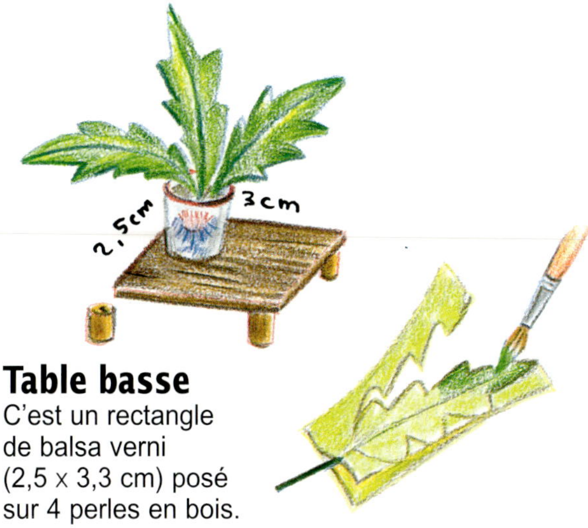


## Table basse

C'est un rectangle de balsa verni (2,5 x 3,3 cm) posé sur 4 perles en bois.

## Lit
## Couverture

Enduire un carré de Courtelle (6 x 6 cm) de colle vinylique et le plier en quatre.

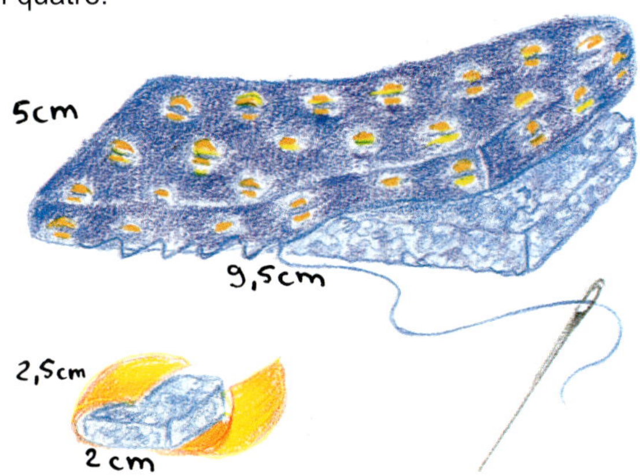


## Échelle

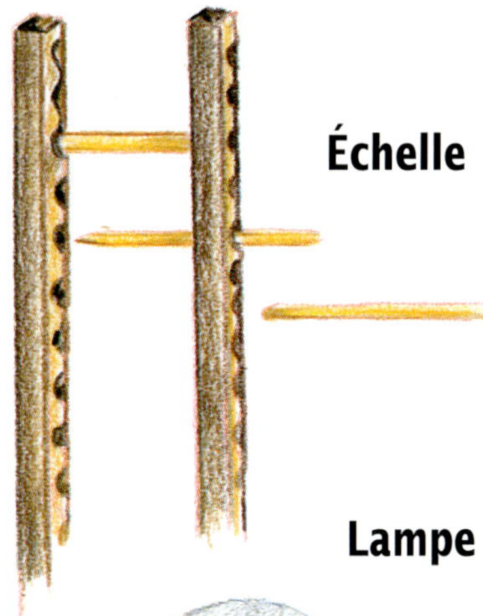

## Lampe

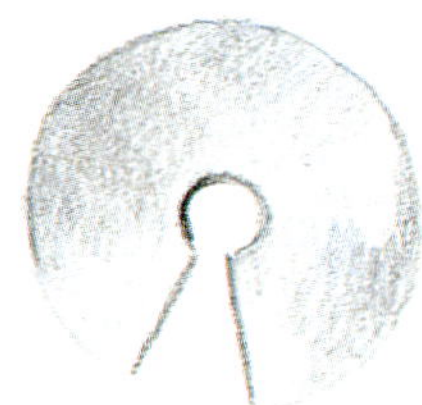

taille réelle

## Spot

## Détails

Installer le chat. Coller les images aux murs et disposer les divers objets sur la table et les étagères.

# Table des matières

# Chez Fleurus-Idées

Des idées pour l'encadrement, le modelage,
la fabrication du papier

## Encadrement

**Encadrement-passion**
S. Robine
**Le plaisir d'encadrer**
L. Becker-Massart
**Introduction à l'encadrement**
V. Frank
**L'art et la manière d'encadrer**
P. Bingham
**Encadrements d'artistes**
Raurich et Coffrant
**Encadrez vos photos**
M. Olivier

## Fabrication du papier

**L'art et la manière de fabriquer son papier**
S. Dawson
**Tout décorer à la cuve**
V. Rougier

## Modelage

**Pâtes à modeler multicolores**
M.F. Annasse
**Modelages**
**Figurines de terre et de pâtes à modeler**
C. Baillaud
**L'argile**
J. Chavarria
**Pâte à modeler**
R. Pinol
**Avec de l'argile**
C. Bohera
**Pâte à modeler pour jouer**
I. Bochot
**Modelages en couleurs**
S. Grisewood

Merci à Rougier et Plé, Rayher Hobby, La Droguerie,
la Boites à perles et Pain d'épices (catalogue de vente par correspondance).